INVENTAIRE
Z 12873

(par Coste)

(1 autre exempl. diverson 2)

LETTRE

DE L'AUTEUR

DU PROJET DE L'HISTOIRE

DE LA VILLE DE PARIS,

SUR UN PLAN NOUVEAU,

À l'Auteur des Observations sur les Ecrits des Modernes.

A HARLEM.

M. DCC. XXXIX.

LETTRE

De l'*Auteur du Projet de l'Histoire de la ville de Paris, sur un Plan nouveau, à l'Auteur des Observations sur les Ecrits des Modernes.*

J'AI été très-surpris, Monsieur, que vous aïez fait mention de ma petite Brochure dans une de vos Feuilles. Je m'étois attendu que vous la laisseriez mourir de sa belle mort. Aurois-je pû penser que vous l'honoreriez d'un Extrait? Mais vous avez voulu lui faire part de l'immortalité qui est assurée à vos Observations. On les lira sans doute dans mille ans; & on saura qu'en l'année 1739. il a paru une petite Brochure, dont le but est de ridiculiser la Science des minuties Historiques, & l'Erudition qui a pour objet des faits frivoles & peu intéressans : Voilà une destinée

A bien

bien flatteuse pour un badinage, qui ne devoit pas jouir d'une vie plus longue que celle des Papillons & des Fleurs! Vous avez ajouté une Réfléxion que je me hâte d'adopter. Si je l'avois cru néceffaire, je n'aurois pas manqué de faire mes proteftations; mais il ne m'eft pas venu dans l'efprit, qu'un Lecteur judicieux pût me croire affez infenfé pour condamner le genre Hiftorique en général. Quand même j'aurois eu une opinion auffi extravagante, la feule lecture de l'Hiftoire de Charles XII. m'auroit guéri de ma folie, & m'auroit réconcilié avec le genre Hiftorique.

Mais je vous avoüe, Monfieur, que je ne faurois comprendre quel eft le motif qui vous a engagé à me faire un fi grand honneur. Si les Feuilles Périodiques ont quelqu'utilité, ce ne peut être que pour les Provinces & les Païs Etrangers, où quelquefois des perfonnes qui n'auroient jamais entendu parler d'un Livre, le connoiffent par l'Extrait de l'Obfervateur; mais

à

à l'égard de Paris, elles font d'une inutilité parfaite, si ce n'est peut-être quand elles célébrent la gloire du Sieur A...... & les effets merveilleux du Sachet ANTI-APPOPLECTIQUE. Lorsqu'il paroît un Ouvrage nouveau, sur-tout dans le genre Amusant, les gens d'esprit, avides de nouveautés, n'attendent pas l'attache de l'Auteur des Feuilles, pour le lire & pour en porter leur jugement : ainsi on peut dire que sa destinée est fixée en bien ou en mal, avant que l'Observateur ait pû donner son Extrait, qui même n'est pas toujours lû. Mon petit Ouvrage n'est pas vraisemblablement destiné à percer jusques dans les Provinces, ou dans les Païs Etrangers : ainsi plus j'y pense, & moins je puis deviner ce qui vous a déterminé à en parler.

J'aurois pû croire qu'aïant été agréablement amusé par un Ecrit, que vous avez décoré du titre d'Ironie Ingénieuse, vous vous étiez cru obligé, par reconnoissan-

A ij ce,

ce, de l'annoncer au Public. Mais comment concilier cette qualification obligeante, avec celle d'Ecrit Satyrique que vous lui attribuez en même-tems; & avec le Sel FATUUM que vous y avez si finement remarqué?

Quelques personnes sensées ont prétendu, que j'étois en droit d'être blessé de ces deux traits malins; & que je devois vous en témoigner ma sensibilité. J'ai été presque tenté de déférer à leur sentiment; mais le penchant naturel l'a emporté: j'aime la Paix: je trouve qu'il est pénible d'être fâché: j'ai pris le parti de rire d'un jugement burlesque, qui décide que j'ai assaisonné mon Ouvrage d'un Sel FATUUM, parce que je n'ai pas eu l'esprit d'inventer une figure de Rhétorique, dont le premier exemple est aussi ancien que le Monde. Le respect que j'ai pour les Livres Saints, m'empêche de le rapporter, je me contente de l'indiquer *.

* Gen. Cap. III. ẏ. 22.

Cependant

Cependant je ne vous diſſimulerai pas, Monſieur, que vous m'avez déſobligé, en donnant à mon petit Ecrit un titre offençant qui ne lui convient pas. Autrefois il a été permis d'écrire :

> J'appelle un Chat un Chat, & Rollet un Fripon.

Mais la politeſſe de notre Siécle a attaché quelque choſe d'odieux à tout ce qui porte le nom de Satyre. Auſſi a-t'on trouvé plus de malignité que de juſteſſe dans l'affectation que vous avez euë de donner cette idée de ma Brochure; & perſonne n'a pû ſe perſuader qu'un ſimple badinage, qui n'attaque ni les mœurs, ni des défauts perſonnels, ni aucun Ouvrage en particulier, puiſſe être regardé comme un Ecrit Satyrique. Ce ſont ces Libelles ſcandaleux, remplis de calomnies infâmes, dont les Magiſtrats exigent un déſaveu ſolemnel, qui méritent à juſte titre le nom de Satyre. Mais on ne l'a jamais donné au Mathanaſius, ni aux Antiquités de Chaillot, que vous prétendez m'avoir ſervi

servi de modéle. Vous seriez sans doute fâché qu'on fit passer vos Observations pour un Ouvrage Satyrique; cependant si vous voulez vous juger vous-même avec désintéressement, vous conviendrez qu'elles le mériteroient souvent mieux que les railleries de ma Brochure, dont personne n'a été blessé, & qui ne m'ont fait aucun ennemi.

Je reviens, Monsieur, au motif qui m'a procuré l'honneur d'un Extrait dont je me reconnoissois très-indigne. Auriez-vous par hasard pensé, que le Public est aveugle, lorsqu'il n'est pas guidé par vos lumiéres; & que séduit par les agrémens d'une Ironie ingénieuse, il risquoit de se tromper, si vous ne l'aviez averti que cet Ecrit est un Ouvrage Satyrique, assaisonné d'un Sel FATUUM? Mais l'expérience devroit avoir dissipé vos craintes, & vous avoir désabusé de l'erreur pitoïable de quelques Provinciaux, qui s'imaginent que vos décisions donnent

le

le ton aux gens d'esprit & de goût à Paris. Après avoir comblé d'Eloges un de nos plus brillans Génies, vous avez changé de conduite : vous n'avez cessé de le harceler par des criailleries continuelles : en est-il moins regardé dans toute l'Europe, comme un ornement de notre Siécle ? Vous avez entassé les Epithétes de BAROQUE, BIZARRE, HETEROCLITE, EXTRAVAGANTE, pour tâcher de décrier la Musique de Monsieur Rameau; mais le succès de l'Opéra des Indes Galantes, qui après plus de soixante Représentations, n'a pas encore rassasié le Public ; celui des Talens Lyriques, qui a pris congé des Spectateurs, sans en être abandonné, après plus de quarante ; celui que j'ose prédire à l'Opera de Dardanus, qui réunira les graces de la Poësie & les beautés de la Musique, assure à Monsieur Rameau la gloire d'être le plus grand Musicien qui ait paru jusqu'à présent; pourvû qu'on sache entendre, par un grand Musicien, celui qui réunit une profonde connoissance de la Théorie de la Musique, avec un génie véritablement inventif: talens qui jusqu'à présent ont été toujours séparés. Vous avez appellé, par dérision, le nouveau genre de Piéces de Théatre, le COMIQUE ATTENDRISSANT, le COMIQUE LARMOYANT, le TRAGIQUE BOURGEOIS: cependant vos Critiques quoique peut-être fondées [quelquefois] à certains égards, n'ont pas empêché le succès du Préjugé à la Mode, de l'Enfant Prodigue & de l'Ecole des Amis. Ainsi, Monsieur, vous pouvez, en toute sûreté, cultiver ou laisser dormir vos talens; le Public ira toujours le même train. Il accordera aux Auteurs qui travaillent pour lui procurer quelque plaisir, l'indulgence que le grand Corneille lui a demandée pour lui-même; & quand des beautés solides racheteront des défauts légers, il recevra favorablement les Ouvrages; & permettra aux Critiques d'éxercer, sans conséquence, l'emploi

ploi le plus facile & le moins honorable de la République des Lettres.

Cependant, Monsieur, il faut avouer que vous avez un talent bien singulier dans ce genre! Vous marchez dans des routes si obliques; vous emploïez des tours si captieux; vous vous servez d'expressions si équivoques; vous tombez dans des contradictions si fréquentes; vous faites des raisonnemens si entortillés, qu'il est souvent difficile de deviner ce que vous pensez : En supposant même que vous aïez un sentiment déterminé; car c'est un fait très-problématique. Ce n'étoit pas là le stile des Gallois, des Bayle, des Basnages, des Beauval & des le Clerc.

Voilà précisément le cas d'incertitude où je me trouve par rapport à ma petite Brochure. Vous avez dit que c'est une Ironie Ingénieuse, mais pleine d'un Sel FATUUM : on a trouvé là une contradiction, il est vrai qu'elles vous sont familieres. Vous m'avez sauvé le travers d'avoir voulu ridiculiser le genre Historique en général ; mais vous avez donné à mon Ouvrage le caractére odieux d'Ecrit Satyrique. Le seul parti que j'ai à prendre, est de voir votre Extrait sans aigreur & sans reconnoissance.

On est exposé à la même incertitude dans la suite de votre Extrait. Vous avez écrit en caractére italique : « Les savans noyés » dans une mer de volumes : » Est-ce approbation? Est-ce critique? J'ai recueilli les voix. Les uns ont dit que vous aviez voulu marquer, que vous approuviez cette expression ; d'autres ont prétendu que le caractére italique insinuoit une accusation tacite de néologisme ou d'affectation puérile. Je ne sai pas comment vos chers Provinciaux en jugeront : pour moi j'ai entendu dire si souvent que le Public étoit inondé de Feuilles Périodiques, où l'on trouvoit des Extraits mal faits ; des passages tronqués ; des décisions de mauvais goût, &c. que j'ai crû pouvoir

voir dire : LES SAVANS NOYE´S DANS UNE MER DE VOLUMES.

Il y a des gens qui prétendent que vous ne donnez des Eloges, que pour acquérir le droit de lancer les traits les plus piquans, sans être accusé de malignité. Peut-être que convaincu que votre approbation est d'une grande autorité & d'un grand poids dans le monde, vous craignez que si elle n'étoit pas tempérée par des traits mordans, qui mettent un frein à l'orgueil des Auteurs, ils seroient en danger d'être enivrés de vos louanges; mais cette précaution étoit peu nécessaire pour moi. Pouviez-vous ignorer que je n'ai pas mandié votre suffrage? Quelqu'un même a porté trop loin mon indifférence pour votre jugement. On a prétendu que l'Anecdote des Perruques est une preuve que j'ai redouté vos Eloges, encore plus que votre Satyre : ce sentiment est trop méprisant pour vous, j'aurois tort de l'adopter.

L'Anecdote des Perruques me rappelle

rappelle une circonstance qui mérite de nous arrêter un moment : Vous m'avez Parodié, Monsieur. Après avoir dit : « S'il s'éleve un
» genre nouveau dans le COMIQUE
» ATTENDRISSANT, Monsieur Ric-
» coboni a beau le faire valoir,
» l'Auteur des Observations sur les
» Ecrits des Modernes, le traite de
» Monstre Dramatique, & de Chi-
» mére de Théatre ; » vous vous écriez : « Il a grand tort assuré-
» ment. » Savez-vous, Monsieur, que vous dites plus vrai que vous ne pensez, & que votre prétendue Ironie n'en a qu'un faux ton. L'Ironie est une maniere fine de faire sentir vivement une vérité : mais il faut que la proposition contraire à ce qu'on feint de dire sérieusement, soit d'une évidence qui frappe dans le premier instant : vous n'en êtes pas encore là, Monsieur ; votre COMIQUE ATTENDRISSANT n'a pas assez fait fortune, pour que vous puissiez espérer de vous tirer d'affaires par une exclamation, soi disant, Ironique. Croïez-vous que

que l'affociation bizarre de deux termes, qui ne font pas faits pour aller enfemble, relevée par l'affectation maligne d'un caractére italique, foit une Critique bien ingénieufe? Le COMIQUE ATTENDRISSANT; le COMIQUE LARMOYANT; le TRAGIQUE BOURGEOIS: tour trivial & infipide, qui ne tiendra jamais lieu de raifons. Vous avez grand tort, dites-vous; fans doute, Monfieur, & très-grand tort. Vous vous plaignez que les nouveautés font rares fur nos Théatres; vous avez donc tort de profcrire un nouveau genre qui peut nous en procurer. Fuïez, Monfieur, les Piéces qui vous ennuient; mais pourquoi priver le Public du plaifir de les voir fans vous ? Il s'élevera toujours contre les Tyrans qui voudront le foumettre à une autorité ufurpée. Il eft plus fage de fe conformer à fon goût, quand il s'obftine à admirer, que de faire de vains efforts pour le ramener à un autre fentiment par des clameurs inutilement réitérées;

térêcs ; & il y a beaucoup plus de bon sens à chercher dans un Ouvrage ce qu'il a de beautés, qu'à se tourmenter pour y découvrir des défauts. Ne seroit-il pas plus raisonnable de se cacher à soi-même, s'il étoit possible, ce qui peut diminuer notre plaisir ? Je sai que le préjugé, la cabale, & des circonstances singulieres, peuvent pendant quelque tems faire prendre le change à un certain Public; mais toute les fois qu'un Ouvrage se soutient, malgré l'aboïement des Critiques, on peut assurer hardiment, qu'il a assez de beautés réelles pour racheter les défauts Critiqués. C'est manquer de respect pour le Public, que de lui imputer un défaut de discernement pour connoître ce qui doit lui faire plaisir ; & de prétendre que sans le secours des Censeurs de profession, qui voudroient lui faire adopter leurs propres sentimens, il seroit dans un danger continuel de prendre du clinquant pour de l'or.

Mais, direz-vous Monsieur, le
terme

terme de Comédie a une signification propre & déterminée, qu'il n'est pas permis de changer, & qui ne convient point au nouveau genre. Eh bien, Monsieur, satisfaites-vous ! inventez un nouveau nom, vous ne serez pas accusé de Néologisme. Le grand Corneille a donné le nom de Comédie Héroïque à sa Pulchérie, à D. Sanche d'Arragon & à Bérénice. Plusieurs Piéces ont porté le nom singulier de Tragi-Comédie. Faut-il donc faire tant de fracas sur une pure question de nom ? Il est certain qu'il y a un genre moïen entre la Tragédie & cette espéce de Comédie qui fait rire aux éclats : genre qui n'est ni un Monstre, ni une Chimére, mais qui existe réellement, dont les éxemples ont très-bien réussi : genre auquel le sérieux du Misantrope, du Glorieux, & de plusieurs autres Comédies de ce genre, qui ne font rire que l'esprit, nous a préparés ; & qui n'a d'autre défaut que de ne vous avoir pas l'obligation d'un nom

plus

plus convenable que ceux que vous lui avez donnez.

Doutez-vous, Monsieur, qu'il ne fut à souhaiter que la prédiction de Monsieur Riccoboni s'accomplît au plûtôt ? La Tragédie, pour me servir des termes de l'Art, purge les passions : l'Ambition, la Colére, la Haine, &c. par la terreur & la pitié. La Comédie, par la peinture du ridicule, nous porte à l'éviter. Le genre moïen emploïera le pathétique, l'ATTENDRISSANT pour corriger les vices qui peuvent être placés entre les défauts risibles & les passions Tragiques. Le travers d'un mari qui n'ose aimer sa femme en public, & qui par ce préjugé lui préfére un objet indigne de sa tendresse, est peu susceptible de ces traits qui excitent des éclats de rire : Est-il moins utile d'emploïer le Théatre à le rendre odieux, que de faire rire le Public par la peinture des fatuités d'un Marquis ou d'un Petit-Maître; de la sottise d'un Trissotin; de la bêtise d'un Pourceaugnac

gnac ou d'un Monsieur Jourdain ? Trouverez-vous un pere ou un mari qui ne souhaitât que sa fille ou sa femme fût vivement frappée des traits qui forment le caractére de l'aimable, de la vertueuse Constance ? Le caractére d'Euphémon pere : celui d'Euphémon fils, que l'infortune ramene à la vertu : celui de la tendre & vertueuse Lyse, vous semblent-ils indignes de paroître sur la Scéne, parce qu'ils ne sont pas échafaudés sur le cothurne Tragique ? Pourquoi ne voulez-vous pas que la peinture de la vertu, introduite sur le Théatre par le Comique ATTENDRISSANT, puisse la rendre aimable ; de même que le portrait du ridicule le rend méprisable dans la Comédie ordinaire ? Je parle des vertus civiles, des vertus Bourgeoises, si vous voulez. On a dit que le grand Corneille a peint les hommes tels qu'ils devroient être. On s'accoutume à regarder les Héros de Théatre comme des figures gigantesques, qu'on ne voit que dans un lointain ; &
les

les vertus héroïques, comme des vertus imaginaires, auſquelles il n'eſt pas permis d'aſpirer. Qu'on ſe hâte donc de nous préſenter le Tableau des vertus d'uſage qui ſeront à notre portée, ſans craindre les frivoles Cenſeurs du Comique ATTENDRISSANT. Ce genre n'eſt pas auſſi inconnu ſur le Théatre Comique, qu'ils voudroient nous le faire croire : il y a dans Térence & dans Moliére des ſituations intéreſſantes, & des diſcours pathétiques, qui peuvent s'y rapporter.

Vous comprenez bien, Monſieur, que quand une Ironie eſt étaïée par d'auſſi bonnes raiſons que celles que je viens de vous donner, elle ne manque pas de produire ſon effet : il n'en eſt pas de même lorſqu'elle n'a d'ironique que le ton.

Si je ne vous ai pas paru zélé partiſan de la Critique, & ſi vous trouvez que je défére trop au goût du Public, vous ne m'accuſerez pas du moins d'être déterminé par des vûës intéreſſées. Je ne ſuis pas engagé

gagé à le défendre par des applaudissemens que j'en aïe reçus ; & ma Brochure ne doit pas me faire regarder comme un Ecrivain, non pas même comme un homme d'esprit, qui ait lieu de redouter la Satyre. Si jamais j'avois la démangeaison d'aspirer à ce titre, ce ne seroit pas à la faveur d'un Ouvrage aussi peu considérable, que j'irois me nicher dans le rang des Auteurs. Tout ce que je crois pouvoir prétendre, est le droit de donner un simple suffrage, encore n'en fais-je pas trop de cas ; & je suis toujours prêt à le soumettre au sentiment des autres ; ainsi, Monsieur, vous n'aurez pas de peine à vous persuader que je n'ai d'autre guide que l'amour du Vrai. Quoiqu'ennemi déclaré de la mauvaise Critique, je crois que la bonne, si elle étoit accompagnée de la politesse & des égards convenables, pourroit être utile. Mais quelles qualités, quels talens ne faudroit-il pas avoir ? Lumiéres supérieures ; goût sûr & universel ;

caractére

caractére impartial; probité unanimement reconnuë, & à l'épreuve de tout motif perfonnel; confiance du Public juftement méritée & inconteftablement acquife: Où trouverons-nous ce Phœnix? Je fuis bien éloigné de penfer qu'un homme qui avec de l'efprit, de la facilité à écrire, & avec le talent de lancer des traits piquans, s'érige de fa propre autorité en Ariftarque univerfel, foit un Critique refpectable: Je ne fuis pas même la duppe du débit de fes Ouvrages. Il y a de très-honnêtes gens qui ne fe font pas un fcrupule de rire des traits malins & Satyriques dont ils feroient très-fâchés d'être complices: on s'amufe bien quelquefois à voir un Roquet hargneux mordre des Dogues qui méprifent fes attaques. Les efprits fupérieurs évitent de fe livrer à des difcuffions ennuïeufes, qu'on voit ordinairement dégénérer en des querelles perfonnelles: on aime mieux laiffer aller le cours de la Satyre, que de relever les bévûës d'un nouvel Eroftrate. Permettez-

Permettez-moi, Monsieur, de vous rapporter, à ce propos, une réponse ingénieuse, qui peut-être n'est pas venuë jusqu'à vous. Une personne, plus estimable encore par son esprit, qu'elle n'est respectable par son nom & par les dignités dont elle est revêtuë, reprochoit le caractère dont je viens de parler à un de vos confréres les Critiques : Pourquoi, lui disoit-elle, ne ménagez-vous pas les Auteurs ? Pourquoi vous faire un si grand nombre d'ennemis ? Il faut que je vive, dit notre Critique. Je n'en vois pas la nécessité, lui répondit-on. Je serai bien surpris, Monsieur, si vous trouvez là du Sel FATUUM. S'il vous prenoit envie de faire un Extrait de ma Lettre, je vous prie, au moins, de ne pas oublier ce trait ; il mérite qu'on en conserve le souvenir pendant tout le tems qu'on parlera de vos Observations.

Je reviens à l'Extrait de ma Brochure : j'y remarquerai deux méprises, que je ne veux pas appeller des

des infidélités. Vous me faites dire que « Toutes les Sciences s'épui- » fent ; & qu'on y fait chaque » jour de fi grands progrès, que » bien-tôt il n'y aura plus de dé- » couvertes à faire. »

Je fais, Monfieur, que l'Aftronomie, la Chymie, la Botanique, la Géographie, l'Anatomie ; en un mot, toutes les Sciences qui font fondées fur des Obfervations & des expériences, marchent à pas lents ; les progrès n'en font pas rapides, ils font fûrs. J'ai dit, il eft vrai, qu'elles s'épuiferoient à la fin ; mais je n'ai pas ménagé le tems : j'ai dix mille Siécles devant moi. Vous fentez bien, Monfieur, que dans un Ouvrage purement Ironique, je dois avoir l'attention d'empêcher qu'on n'abufe de mes expreffions, & qu'on ne tente d'en détourner le fens contre des Compagnies illuftres, pour qui j'ai le refpect le plus profond ; refpect qui peut être égalé, mais qui ne fauroit être furpaffé.

Vous dites ailleurs « Qu'il ne » paroît

paroît rien de nouveau sur la « Scéne ; qu'on n'y voit que des « emprunts colorés. » Il paroît que c'est un discours que vous m'attribuez, non pas que vous l'aïez marqué par des guillemets ; car suivant votre usage favori, vous aimez à laisser toujours quelque incertitude ; mais on le devine par le sens. Je me crois obligé de déclarer ici que cette décision vient de votre propre fonds ; l'honneur vous en appartient en entier. Vous avez de la gloire à revendre ; mais il ne me convient pas de me parer de votre superflu. Je n'ai jamais dit, qu'on ne voit sur la Scéne que des emprunts colorés, je ne l'ai jamais pensé, & si je l'avois pensé, j'aurois eu la discrétion de le taire. Le style Déclamateur & Satyrique n'est pas mon style. J'ai dit que les sujets des piéces de Théatre, & les différentes manieres de les traiter s'épuiseroient à la fin ; avant dix mille Siécles ; surtout, si on proscrivoit les genres nouveaux. Mais j'ai présenté cette te conséquence de vos principes, comme un inconvénient de votre systême des Monstres Dramatiques; pour le combattre & pour en faire sentir le peu de justesse. On ne peut pas nier que les nouveautés ne deviennent plus rares sur le Théatre; mais je n'avouërai pas que la source en soit tarie. Peut-être que nous devons cette disette à la prudence des bons Auteurs, qui trouvent désagréable d'être exposés à la dent envenimée des Critiques, lors même qu'on les meprise.

Ma Lettre doit sans doute vous paroître un peu longue, Monsieur. Je ne sai pas quelle impression elle aura fait sur vous. Je me flatte que vous y aurez trouvé le caractére d'un homme vrai, qui a beaucoup de candeur & de simplicité; qui n'auroit eu ni bec, ni ongles pour se défendre, si vous l'aviez attaqué plus vivement; & qui vous doit être obligé des ménagemens que vous avez eus pour lui. Si j'ai sû exprimer mes sentimens, j'aurai réussi à vous donner des preuves

ves de l'eſtime & de la conſidération que j'ai pour vous. Si je n'ai pas été aſſez habile pour vous en convaincre; ſi vous êtes choqué de ce que je n'ai pas ſouſcrit aveuglément à vos déciſions; & ſi vous trouvez à propos de me donner des marques de votre reſſentiment, vous pouvez être aſſuré que vos Satyres, dûſſent-elles aller juſqu'aux injures, n'auront point de réponſe.

Je finirai par une Réfléxion ſur le Sel FATUUM. Avouez, Monſieur, que vous avez été bien content de terminer votre Extrait par une équivoque! Si j'avois été ſatisfait du bien que vous avez dit de ma Brochure, vous auriez ri de grand cœur de mon imbécillité. D'un autre côté, ſi j'avois pris le parti d'être fâché de votre expreſſion, vous m'auriez reproché que je n'entens pas le Latin; vous auriez prétendu que SAL FATUUM ne préſente d'autre idée que celle d'un Sel inſipide, un peu émouſſé par le droit d'aîneſſe du Mathana-

B   ſius

sius & des Antiquités de Chaillot. N'est-il pas vrai que mon embarras vous a bien réjoui ? Mais que vous avez été agréablement amusé lorsque vous avez prévû que les Lecteurs ne manqueroient pas d'étendre la signification de ce terme ! Je ne sai lequel des deux vous auroit plû davantage ; si vous auriez mieux aimé que j'eusse été la duppe de votre équivoque ; ou si vous auriez préféré que j'en sentisse toute la malignité : je vous ai promis d'en rire, & je vous tiens parole. Je vous avouërai même que cette maniere ingénieuse de Critiquer est si fort au-dessus de ma portée, que si j'avois eu à faire votre Extrait, j'aurois dit simplement : Que la Brochure en question étoit dans le goût du Mathanasius & des Antiquités de Chaillot. J'aurois fait remonter bien plus haut la Généalogie des Brochures Ironiques. Je n'aurois pas oublié le Compliment à l'Académie Françoise, qui a fait tant d'honneur à la prudence & à la discrétion

tion de son Auteur. Les Voïages de Gulliwer; l'Ecrit Ironique du Docteur Swift, qui empêcha le Ministére d'envoïer en Irlande une certaine quantité de Monnoïe de cuivre; le Projet de faire 20000 Soldats de cire, pour le service de la Grande Bretagne; Projet qui devoit épargner à l'Etat des sommes considérables; & cent autres Brochures Angloises du même caractére: car Messieurs les Anglois, lorsqu'ils font un accüeil favorable à une Ironie ingénieuse, n'ont pas le goût assez fin pour y découvrir le Sel FATUUM; quoiqu'il ait déja paru plusieurs autres Ouvrages du même genre: Comme nous ne le trouvons pas dans Bourdaloue & dans Fléchier, qui ont emploié des Apostrophes & des Prosopopées, dont on voit le modéle, tout au long, dans les Ecrits de Cicéron & de Démosthéne. J'aurois encore cité la Requête & l'Arrêt rendu en conséquence, contre la nouvelle Philosophie par Despréaux; & la Requête des Dictionnaires

par

par Ménage. Vous voïez, Monsieur, que j'ai eu un grand nombre de modéles à suivre, indépendamment du Mathanasius que j'ai lû avec beaucoup de plaisir, & des Antiquités de Chaillot, dont je ne connois que le nom.

J'ai trouvé tant d'esprit & de finesse dans l'Equivoque, par où vous avez fini votre Extrait, que j'ai fait tous mes efforts pour en imaginer quelqu'une qui pût du moins en approcher. Mais admirez mon incapacité, Monsieur, & jouissez de toute ma confusion, il ne m'a pas été possible de la saisir! J'ai appris par une triste expérience, combien il est téméraire de vouloir s'élever jusqu'aux talens supérieurs d'un Observateur universel, qui a jugé, qui juge, & qui jugera les Ouvrages de Grammaire; Rhétorique; Dialectique; Philosophie; Logique; Physique; Métaphysique; Chronologie; Histoire Sainte; Histoire Ecclésiastique; Histoire Profane; Histoire Universelle; Histoire Particuliere;

Histoire

Histoire Ancienne ; Histoire Moderne ; Histoire Poëtique ; Histoire Naturelle ; Théologie Scholastique, Positive, Morale ; Médecine ; Pathologie ; Thérapeutique ; Chymie ; Botanique ; Anathomie ; CHIRURGIE ; Politique ; Jurisprudence ; Droit Public ; Droit Naturel ; Droit Civil ; Droit Ecrit ; Droit Coutumier ; Droit Canonique ; Droit Romain ; Droit François ; Mathématique ; Astronomie ; Astrologie ; Géographie ; Architecture ; Fortification ; Artillerie ; Navigation ; Pilotage ; Statique ; Hydrostatique ; Horlogiographie ; Méchanique ; Gnomonique ; Optique ; Dioptrique ; Catoptrique ; Métoposcopie ; Négromancie ; Chiromancie ; Pyrotechnie ; Alchymie ; Métallurgie ; Acoustique ; Poësie Grecque, Poësie Latine, Poësie Françoise, Poësie Italienne, Poësie Portugaise ; Tragédie ; Comédie Françoise, Comédie Italienne, Comédie Espagnole ; Arts Méchaniques, Arts Libéraux ; Musique Françoise, Musique Italienne ;

lienne, Musique Ancienne ; Danse ; Auteurs ; Acteurs ; Musiciens ; Sculpteurs ; Peintres ; Organistes ; Symphonistes ; Dentistes ; Oculistes ; Charlatans, Baladins ; Mimes ; Pantomimes ; Farceurs ; Dessinateurs ; Décorateurs ; Gladiateurs ; Machinistes ; Artificiers, &c. &c. J'ai l'honneur d'être, &c.

FIN.

Fautes à corriger.

Presque par tout où il y a Critique, lisez, Mauvais Critique.

AVIS

AVIS.

NE vous laissez pas tromper à l'Errata de la Feuille des Observations sur les Ecrits des Modernes, du douziéme Septembre 1739. N. 272. page 48. qui corrige une faute préméditée. La correction n'est pas nécessaire ; c'est un prétexte préparé d'avance. L'Auteur a voulu se ménager l'occasion de parler une seconde fois d'un Trait Ingénieux, qu'il se rappelle avec complaisance.

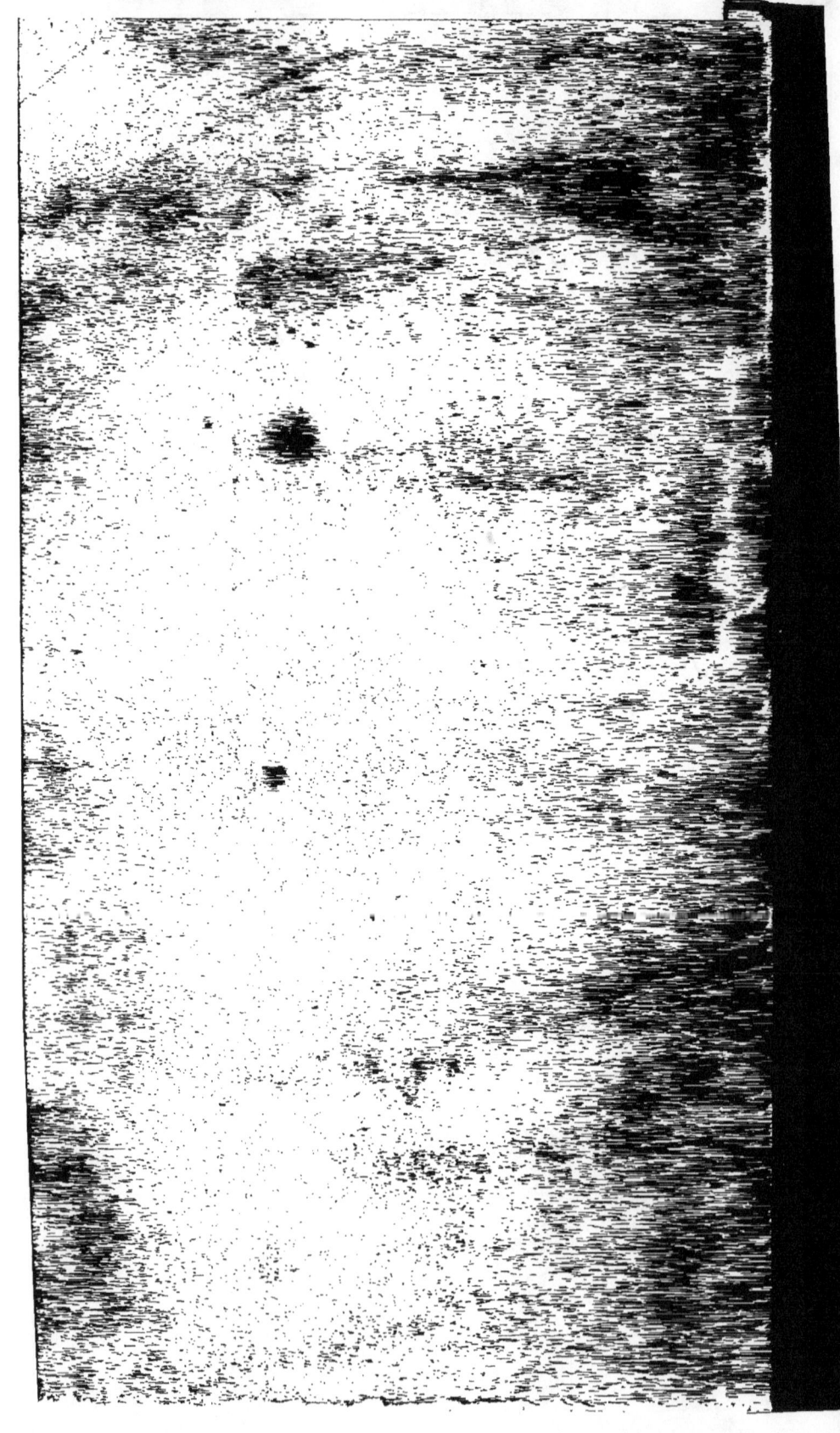